I0142604

27

L n 1168.

LETTRE

DE

M. LE MARQUIS

DE BEAUPOIL,

A M. DE BERGASSE,

*Sur l'Histoire de M. de Latude, & sur
les Ordres Arbitraires.*

A POTSDAM.

1787.

BIBLIOTHEQUE IMPE

LABÉDOYÈRE

LETTRE

DE M. LE MARQUIS

DE BEAUPOIL,

A M. BERGASSE,

SUR LES ORDRES ARBITRAIRI

J'ai l'honneur de vous envoyer, Monsieur, l'hiſtoire d'un ſupplice de trente-neuf ans, ſouffert pour une extravagance de la première jeuneſſe, qu'un mois de priſon auroit aſſez ſévèrement punie. Quel crime poſſible à toute la perverſité humaine peut mériter une auſſi longue

LETTRE

DE M. LE MARQUIS

DE BEAUPOIL,

A M. BERGASSE,

SUR LES ORDRES ARBITRAIRE

J'ai l'honneur de vous envoyer, Monsieur, l'histoire d'un supplice de trente-neuf ans, souffert pour une extravagance de la première jeunesse, qu'un mois de prison auroit assez sévèrement punie. Quel crime possible à toute la perversité humaine peut mériter une aussi longue

durée de tourment ? De quels attentats une pareille torture pourroit - elle n'être que la juste expiation ?

Dans les grandes atrocités que la vengeance, emportée à fes dernières fureurs, a fait commettre fur la terre, on voit promptement arriver la mort. Le fang de la victime, s'il fait couler des pleurs, marque au moins l'inftant où l'on va cefler d'entendre fes cris, de voir fes convulfions. Le repos dont elle va jouir laiffe refpirer l'ame du fpectateur qui n'emporte que l'horreur & l'effroi des bourreaux. Mais, Monfieur, être pendant trente-neuf ans privé du ciel, de la terre, de la nature entière ; exifter pendant trente-neuf ans, fans connoître d'autre fentiment que les alarmes & les frayeurs ; ne connoître pendant trente-neuf ans que des

prisons obscures , que des cachots sou-
terrains , inondés d'eaux croupissantes ;
anéanti sous le poids d'énormes chaînes ;
ne voir jamais, pendant trente-neuf ans ,
que des geoliers & des reptiles : voilà ,
je crois , réuni dans un seul tableau , tout
ce que l'industrie de la plus habile & de
la plus implacable cruauté puisse enfanter.
Aucun homme sur la terre n'a pu trouver le
degré de constance nécessaire, dans sa rage,
pour projetter, suivre & consommer une pareille œuvre de férocité. S'il pouvoit avoir
existé, son nom , trop exécrable, ainsi que
son forfait , devroient être ensevelis dans
l'oubli. Pour l'honneur de l'espèce humaine , qu'il importe de ne pas faire
haïr , on doit taire ceux de ces excès qui
la placeroient au-dessous des tigres & des
panthères.

A 4

Hé bien ! Monſieur, ce forfait, que le reſpect pour l'humanité, que l'intérêt des mœurs ne permettent pas de ſuppoſer dans un individu ; eſt devenu le régime d'un Gouvernement. Le peuple qu'il menace inceſſamment, eſt le plus doux, le plus aimant, le plus ſoumis, le plus géné‑reux de l'univers. C'eſt inutilement que les Loix le proſcrivent, que les Magiſ‑trats tonnent ſur ſa funeſte inconſéquence, que la raiſon, l'humanité, l'intérêt du trône, celui des ſujets, font entendre leurs réclamations, par la voix de la philoſophie. Depuis M. le Cardinal de Richelieu, M. de Latude n'eſt pas le dix millième, que cette horrible Juriſ‑prudence ait enſeveli pendant la plus belle & la plus grande partie de ſa vie : il n'eſt pas même un des plus malheureux. Tout Paris a été voir à Vincennes les

tourniquets , les gênes , les fauteuils hé-
riffés de pointes , les contre - portes ar-
mées de mille poignards. L'imagination
de Milton , dans la defcription de l'ar-
fenal des Euménides, feroit moins noire
& moins inventive , que ne l'a été en
France la vengeance de l'adminiftration.

Qu'il feroit cher à l'humanité , qu'il
feroit immortel le nom de l'homme dont
les lumières & l'éloquence viendroient
attaquer & déchirer ce code infernal !
Oui, le Souverain devoit l'écrire ce nom
fur fon trône , & les François , le pla-
cer à la tête de leurs cantiques. Quelques
Ecrivains célèbres ont effayé de le combattre ; mais ils ne l'ont confidéré prefque
que comme l'objet d'une difcuffion de ju-
rifprudence; ils ont été, par une marche

trop didactique, s'égarer dans les siècles paſ⌐
pour y faire des recherches ſur des for-
mules vaines. Hé ! qu'importe aux droits
les plus ſaints des hommes, aux plus ma-
jeurs intérêts d'un grand Empire, qu'un
Monarque trompé ait fait, il y a quelques
ſiècles, des lettres-patentes ou des lettres clo-
ſes, ſcellées en cire jaune ou en cire verte !
Un crime, parce qu'il eſt ancien , il ſeroit-
devenu néceſſaire ? Parce que les Druides
ſacrifioient des victimes humaines dans
leurs plus grandes fêtes, faudroit-il égorger
quelques centaines d'hommes , ſur la ter-
raſſe des Tuilleries , le jour de Saint-
Louis; ou ce qui ſeroit plus barbare encore, les enterrer vifs ſous les voûtes de la
Baſtille ?

Non, ce n'eſt point avec cette froide &
timide logique, qu'il falloit s'armer contre

l'un des plus grands fléaux qui aient flétri & mutilé l'efpèce humaine. Il falloit ofer dire , que dans un pays où le moindre membre du corps adminiftratif peut attirer un fupplice infupportable fur la tête d'un innocent ; où le méchant qui a de l'or trouve le moyen de faire charger inutilement de fers l'honnête homme qu'il a intérêt de perdre ; où il eft poffible à un efpion , par une calomnie, de faire jetter un citoyen irréprochable dans un cachot ; où un mari de mœurs licencieufes a le pouvoir de fe débarraffer de la femme malheureufe , qui gêne fon libertinage ; où une femme intriguante & perdue , a la reffource de fe défaire d'un mari qui l'importune ; où des parens avides font enterrer quarante ans avant leur mort , l'oncle, le frère , le père dont ils veulent hériter : il falloit ofer dire , que dans un tel pays l'adminiſtration eſt un ennemi , qui n'imprime le reſpeᴄt que par l'ef-froi.

Il falloit , ſur-tout , dire au Monarque : « l'amour pour ſes maîtres eſt la première vertu, & la première paſſion de la nation aimante & ſenſible, ſur laquelle vous ré-gnez. Vos ancêtres ſe refuſèrent authenti-quement au droit de prononcer des juge-mens rigoureux ſur ceux de leurs ſujets qui pouvoient ſe rendre coupables de quelque crime. Ils confièrent cette trop pénible tâche aux Miniſtres des Loix ; ils vou-lurent n'être que les pères d'un ſi bon peuple ; ils furent jaloux du pouvoir de faire grace ; ils prétendirent en jouir ex-cluſivement. Cependant lorſque le Magiſ-trat dit au criminel : *la loi te juge cou-pable ; elle te condamne : je n'ai fait que la lire*, par quelle affreufe inconféquence arrive-t-il que votre nom, qui n'eſt deſtiné qu'à être l'expreſſion de la clémence, vienne annoncer des tourmens éternels à un infortuné ? Comment ſe peut-il que l'on puiſſe dire : *il n'eſt pas queſtion de ſavoir ſi tu es innocent ou coupable, ſi la Loi, ſi l'équité t'abſolvent ou te proſcrivent ; reçois ces fers, deſcends dans ce cachot par ordre du Roi. Déſormais tu ne vivras que de privations, que d'alarmes, que d'angoiſſes. Souffre, pleure & gémis : c'eſt la volonté du Roi.* Voilà, Sire, ce qu'exprime une lettte-de-cachet ; voilà de quelle manière on peuple ces Donjons, ces innombrables maiſons de force, tous ces antres de douleur, de victimes qui avoient été inſtruites à vous adorer, à vous bénir, & qui déſormais verront chaque jour leurs bourreaux les outrager, les tenailler, en

prononçant votre nom , en leur difant
que telle eft votre volonté fuprême ». Il
falloit encore ofer lui dire cette vérité
terrible , parce que les vérités terribles
font les plus importantes , parce qu'elles
font toujours celles qu'ils n'enten-
dent jamais. « Dans un pays où l'on
foule aux pieds , avec tant de fureur des
droits fi facrés , où l'on profane avec tant
de fcandale un nom fi faint , il n'eft plus
de Monarque ; il n'eft plus de patrie : il n'y
a que la force & la terreur ; mais la force
fouvent eft aveugle , & la terreur touche
au défefpoir.

Qu'il fut cruellement abufé le premier
de nos Rois , auquel on furprit un ordre
illégal & rigoureux ! Il frappa le coup le
plus redoutable fur la chaîne qui étreint
la famille politique ; il fut le premier qui

commença un divorce entre le trône &
les fujets, parce qu'il ouvrit une fource
d'inquiétudes dans le cœur des Souve-
rains, en les expofant aux reproches de
leurs peuples. Ainfi, en affoibliffant les rapports de protection & de reconnoiffance,
il pofa le principe d'un fyftême dévafta-
teur, dont l'action & les réactionsconftantes
devoient étouffer la conftitution primitive
fur laquelle il venoit attacher ces rameaux
meurtriers. Un coup d'œil fur cette conftitution & fur fes ruines portera cette
vérité au dernier degré d'évidence.

Notre gouvernement n'eft pas l'ouvrage
des combinaifons d'un légiflateur, ni
d'aucun corps légiflatif; il eft uniquement
la conféquence d'un principe, qu'il feroit
inutile de chercher ailleurs que dans l'action & dans le pouvoir du climat. Ce que

l'on appelle loix fondamentales du royaume
ne s'eft trouvé écrit nulle part ; aucune
tradition n'en fait pas plus foupçonner
l'origine que la caufe.

Les anciens Gaulois , difent les hifto-
riens romains , étoient gouvernés par les
mœurs bien plus que par les loix. Cela eft
fi vrai, qu'ils n'eurent jamais que des
coutumes. Les Francs qui s'unirent à eux,
n'avoient que des ufages. Les Romains ,
que ces deux peuples chafsèrent, étoient
les feuls qui euffent un code. Ce code ,
ces ufages, ces coutumes formèrent un
compôt monftrueux , que l'on ne con-
fulta que rarement fous les deux premières
races, & pendant les premiers fiècles de
la troifième. Lorfque fon avis étoit con-
forme aux mœurs, on le fuivoit ; s'il les
contredifoit , il étoit méprifé : ce fenti-

ment moral fut toujours abfolu. On a vu quelquefois la religion & la légiflation réunir tout ce qu'elles ont d'autorité, de forces & de foudres pour le limiter. Soins inutiles. Il réfifte à tout; il eft conftamment victorieux : & fi l'on veut obferver en philofophe, on reftera perfuadé qu'il eut inceffamment la raifon pour lui. Les différences que l'on croit voir entre les mœurs d'un fiècle & celles d'un autre fiècle, ne font que les diverfes expreffions du même être. Les tems de barbarie, la ftupeur dans laquelle Rome nous a long-tems captivés, l'anarchie féodale, les fureurs du fanatifme n'ont pu l'altérer : c'eft le principe radical qui fe retrouve toujours dans les cendres des corps calcinés. Voilà quel fut notre légiflateur.

Lorfque nos Rois délivrèrent les pro-

vinces du joug des tyrans féodaux, on ne
fongea point à invoquer ces prétendues
loix fondamentales. On vit les peuples ac-
courir avec confiance à l'abri du fceptre
paternel, en confervant quelques coutumes auxquelles ils étoient attachés, &
qui ne contrarioient point l'intérêt col-
lectif. Par-tout le refpect pour les mœurs
appella la raifon, l'équité, la loi naturelle
pour régler l'autorité & l'obéiffance. Le
Souverain eut un pouvoir abfolu pour protéger & pour conferver; & les fujets recou-
vrèrent une liberté qui n'eut d'autre borne
que les loix qui défendent de nuire. Pendant ce grand ouvrage, en tout lieu, en
toute circonftance, nos Rois ftipulèrent
pour l'humanité. Quels droits à fa reconnoiffance !

Un des plus grands hommes qui aient
illuftré

illuftré notre patrie, a dit que le gouvernement anglois étoit le chef-d'œuvre de
l'efprit humain. Il ne manquoit à fon
éloge que d'ajouter qu'il pouvoit être du-
rable : il ne l'a pas ofé. Qu'efpérer en
effet d'une conftitution politique, où deux
pouvoirs turbulens & jaloux fe choquent,
s'attaquent perpétuellement par tous les
moyens, par toutes les armes ? Quelques
momens d'énergie, lorfqu'ils fe trouvent
en équilibre & d'accord, des tempêtes
fréquentes, une victoire certaine pour
celui qui veut & qui peut corrompre l'autre; &, en réfultat, l'autorité inquiéte
d'une puiffance victorieufe, à laquelle fes
fujets ont appris combien il lui étoit dan-
gereux de leur laiffer une trop grande
liberté.

En France, le Souverain réunit tous

B ·

les pouvoirs. Dans fes mains la puiffance légiflative porte la loi à propos, à l'inftant & fans contradiction ; la puiffance exécutrice agit avec célérité pour protéger & pour défendre, fans craindre d'entraves ; le pouvoir de veiller à l'obfervance des Loix, fait réfider la juftice fuprême fur le trône, qui devient l'afyle affuré conrre les erreurs de leurs tribunaux & contre les paffions des juges. La réunion & la plénitude de ces pouvoirs ne peuvent rien laiffer à defirer à celui qui les pofsède, que le bien public. Un tyran en France feroit véritablement un monftre, parce qu'il n'auroit pas un motif, pas même un prétexte pour être méchant. Le refpect pour la vie, pour l'honneur, pour la liberté, pour les propriétés des fujets, eft le figne & le fruit de l'étendue & de la

force de fa puiffance. Des attentats contre
l'un de ces objets ne feroient que la preuve
de fon affoibliffement ou de fa diftrac-
tion : elle n'admet ni repréfentant ni par-
tage. On ne peut porter la main fur les
droits des citoyens, fans compromettre,
fans offenfer le fouverain. Celui qui ufur-
peroit le moindre rayon de l'autorité du
monarque, porteroit l'épouvante dans le
corps politique, & commenceroit fa dif-
folution. Ce corps eft un ; en quelqu'en-
droit qu'on l'offenfe on affecte, on met
en danger toutes fes parties. Enfin, fon
unité & fa fimplicité font fa vie, fa force
& fa fublimité. Si le gouvernement Anglois eft le chef d'œuvre de l'efprit humain, celui-ci eft affurément le plus
grand des bienfaits de la bonté divine.

Un vafte Empire, régi par une pa-

reille conftitution , de la configuration la
plus heureufe , placé entre deux mers ,
fur le fol le plus riche , fous le climat le
plus tempéré de la terre , habité par vingt-
quatre millions d'hommes forts , vail-
lans , aétifs, induftrieux , avides de gloire ,
devroit être , de tous ceux qui ont paru
fur le globe , le plus fortuné au dedans ,
& le plus formidable au dehors. S'il eft
foible & fouffrant , c'eft la preuve infail-
lible que fa conftitution eft altérée , que
fes principes font négligés. Il ne faut que
les rappeller : ce remède eft bien facile ;
& c'eft encore là un des plus admirables
caraétères de fa perfeétion.

Il importe donc, par deffus tout , de
chercher le vice qui eft venu s'implanter
dans notre conftitution ; de porter des
yeux attentifs & analytiques dans l'hif-

toire , dans les moindres fibres du Gouvernement, pour découvrir les racines du
polype, & pour le combattre. Après un
profond examen , on le voit clairement
dans le défaut d'unité & d'enfemble, &
dans l'arbitraire des grandes places , vices
qui fe font accrus, fortifiés, propagés l'un
par l'autre.

Louis XIII n'avoit pas la force de ré-
gner : il dépofa fon pouvoir entre les
mains de M. le Cardinal de Richelieu ,
qui fit de grandes chofes , parce que fon
autorité ne fut point partagée; mais, parce
qu'elle pouvoit être inquiétée, il fut cruel; il
s'arma de tout l'arbitraire d'un defpote. Les
lettres-de-cachet , qu'il trouva en ufage,
furent le foudre avec lequel il terraffa fes
ennemis & fit trembler la nation. Tout
pouvoir que l'ordre établi ou la nature

n'ont pas donné, eſt diſpoſé à la méfiance
& à la cruauté. Le miniſtère de M. de
Richelieu fut une preuve mémorable de
cette vérité, & il conſacra, par un grand
exemple, l'exercice des Ordres arbitraires
pour les intérêts perſonnels des dépoſi-
taires du pouvoir.

Le Cardinal de Mazarin, plus habile
que Richelieu, fit de plus grandes choſes
au dehors, parce que dans cette carrière
il étoit moins contredit. Mais d'un caractère doux & débonnaire, il ne put ſe dé-
terminer à ordonner la multitude des proſcriptions qui euſſent été néceſſaires pour
faire reſpeĉter dans l'intérieur une autorité abhorrée ; proſcriptions, d'ailleurs,
dont l'excès auroit tout perdu. Il n'em-
ploya les lettres-de-cachet que dans les
dernières extrémités, que lorſqu'il pouvoit

le faire fans péril , & il ne les fit jamais tomber que fur de grandes têtes.

Louis XIV régnant lui-même, montrant par tout aux François la gloire leur idole ; tranquille au fein de fa puiffance , obéi avec tranfport au premier figne , fut trop au-deffus des baffes inquiétudes pour craindre & pour perfécuter. Tant qu'il eut le fentiment de fa force , s'il ordonna des châtimens arbitraires, ce ne fut que contre des hommes en place , qui doivent être les feuls citoyens expofés à une difcipline prompte & fans forme ; mais lorfque le Roi laiffa échapper les rênes, lorfque les confeffeurs & Madame de Maintenon , cette femme à jamais funefte, vinrent établir leur empire fur la vieilleffe & fur la foibleffe du Monarque , on vit la Cour agitée d'intrigues, divifée en partis, abu-

fer des pouvoirs ufurpés , fouffler par-tout
le mécontentement & la difcorde : ce fut
alors que l'on vit auffi ces effrayantes , ces
innombrables profcriptions, accabler à-la-
fois tous les ordres de l'état.

Jufques à cès derniers momens , les
lettres de cachet n'avoient encore frap-
pé que des hommes puiffans. Heureux fi
nous avions pu ne pas les voir fortir de
ce cercle ! Peut-être ce régime auroit - il
conduit à faire une fage application de
cette maxime d'un kam des tartares : *je
récompenfe les bons fujets , je chaffe
les médiocres , je tue les mauvais :
voilà pourquoi je n'ai autour de moi que
des hommes de mérite, & que mes fujets
font heureux & paifibles.* C'eft au moins
là le defpotifme dans fa perfection.

Je ne parlerai point du Gouvernement

de M. le Régent : ce fut un chaos de be-
foins , d'intérêts , d'intrigues , de dan-
gers , de grandes crifes , de remèdes vio-
lens , où l'on n'apperçoit bien diftincte-
ment que le génie fublime qui s'agite pour
féparer, pour ordonner les élémens , qui
lutte fans ceffe contre des tempêtes , qui ,
du fein du défordre , jette de vaftes plans ,
& qui ne peut avoir eu le choix des
moyens.

Ainfi arrivé au miniftère de M. le cardinal de Fleury , on voit que l'arme de
l'arbitraire fut inutile & oubliée , tant que
le pouvoir , dans toute fa plénitude , fut
retenu & exercé par le fouverain lui-même,
& qu'elle n'a déployé fa fureur que lorfque le Monarque a confié fon autorité.
On voit auffi que cette alternative n'a
d'autre caufe que l'abfence d'un fyftême
fondamental , qui , dans une inftitution

organifée avec le plus de force & de dignité , puiffe toujours repréfenter le vœu , la volonté , l'équité du Roi, lorfque le Roi eft dans un individu foible, fouffrant , ou trop jeune pour avoir une volonté conftante & fage , & lorfque fes devoirs viennent excéder les forces poffibles à un feul homme. Ce n'eft donc qu'à M. le cardinal de Fleury qu'à commencé le régime qui a détruit cette alternative de bien & de mal ; mais celui qu'il a fait adopter, a rendu le bien rigoureufement impoffible , & le mal inévitable. Il a penfé , dit & établi , qu'il falloit laiffer chaque miniftre maître abfolu dans fon département ; & cet incroyable confeil a conftamment été refpecté. Si l'on vouloit réduire en fyftême l'art de faire le malheur de plufieurs générations , & d'affurer la honte & la chûte des em-

pires, il feroit entièrement renfermé dans
ce dogme. Il en réfulte que chaque département fait une puiffance ; que la finan-
ce, les affaires étrangères, la guerre, la
marine, la maifon du Roi font autant de
fouverainetés, qui ont chacune leur defpote ; que cela forme un tableau bizarre ;
où les vues font auffi différentes que les
divers efprits qui les ont produites ;
où les ordres font auffi diffemblables que
les volontés ; où tout fe choque, fe croife,
fe brife, & ne forme en réfultat qu'un
chaos d'incohérences, un dédale inextri-
cable.

Avec ce monftrueux enfemble, il eft
impoffible que chaque adminiftration ait
fon fyftême propre & fuivi : elles offrent
toutes dans leur mécanifme particulier l'i-
mage du défordre général. Il ne paroît
point de miniftre qui n'apporte fes prin-

cipes & fes plans. Pour les établir, il ren-
verfe l'édifice de fon prédéceffeur, & n'en
laiffe jamais fubfifter que les vices, parce
qu'ils font toujours l'ouvrage des gens
puiffans. A cela près, par une impulfion
fubite, on va lui voir faire une révolution foudaine dans le moral & dans le
mécanifme de fon département. C'eft un
vêtement fans figure & fans forme, qui
prend à l'inftant celles de l'individu
que l'on vient d'en couvrir : ainfi
tout ce qui eft au fervice du Roi, dans
les différentes adminiftrations, fe trouve
perpétuellement dans un état d'agitation,
d'incertitude & d'anxiété. Heureux encore,
fi l'on n'étoit pas inceffamment menacé,
facrifié par toutes les préventions, les ca-
prices & les injuftices de l'arbitraire !

On conçoit aifément que, dans ce
chaos, dans cette abfence de toute regle

& de tout principe, l'art de tromper le
fouverain, eft la fcience fuprême; que l'intrigue eft l'unique carrière ; que le miniftre qui, trop fouvent, lui doit fon exal-
tation, va vivre lui-même au centre de
fes agitations, être pourfuivi par tous fes
preftiges. Obligé d'un côté de lutter contre
elle, de l'autre il en emploie tous les ref-
forts, parce qu'il fait que l'on n'eft main-
tenu que pour fon pouvoir, que l'on
n'eft renverfé que, par fes efforts. Cette
confidération lui fait foumettre toutes fes
opérations aux divers intérêts qu'il fe
croit dans la néceffité de refpecter. Les
graces, les places dont il difpofe, devien-
nent la récompenfe des fervices qu'il a
reçus & de ceux qu'il defire. Entraîné fans
ceffe à mille injuftices en faveur des pro-
tégés de fes amis, & de tous les gens d'un
grand crédit, cette fatalité établit une cor-

respondance d'intérêts, une complicité de
manœuvres qui unit toute la chaîne, tous
les degrés de l'administration, & qui laisse
jouir d'un pouvoir arbitraire chaque membre de cette échelle administrative. Il en
résulte que la France est aujourd'hui di-
visée en deux classes : la partie adminis-
trante & la partie administrée. La première
peut tout & ose tout. La seconde craint
tout & souffre tout. Il n'y a que celui à qui
l'on connoît quelques rapports avec la cour,
c'est-à-dire, avec l'intrigue, qui puisse
espérer d'être ménagé. Depuis le ministre
jusqu'au commis aux Aides, jusqu'au dernier des recors, tout peut vexer, opprimer
impunément, parce que, s'il s'élève une
plainte, elle ne peut être renvoyée qu'à
des gens qui font intéressés à la rejetter.

Les grandes fautes, de grandes calamités, d'innombrables infortunes doivent

naître néceſſairement d'un pareil abandon,
& faire craindre des mouvemens dange-
reux, des clameurs inquiétantes, qu'il importe par-deſſus tout de prévenir & d'é-
touffer. Il y a peu à appréhender du côté
de la cour, où l'intrigue milite ſans relâche, où toutes les avenues qui pourroient
faire arriver la vérité juſqu'au monarque
font trop bien gardées. Si un malheureux,
qui gémit ſous le poids de l'iniquité, va
porter ſes réclamations au pied du trône,
le ſouverain l'écoutera avec bonté ; il or-
donnera qu'on lui faſſe juſtice : mais auſſi-
tôt vingt atteſtations viennent lui prouver
que le ſujet, plein de confiance, qui réclame
ſon équité ; n'eſt qu'un ſéditieux qui mé-
riteroit un traitement plus ſévère que celui
dont il ſe plaint ; & l'infortuné qui s'eſt
conſolé par les témoignages de la bienfai-
ſance de ſon maître, qui a élevé l'eſpé-

rance de fon repos fur fa juftice, ne retrouve que la vengeance des hommes ini-
ques que fa plainte a alarmés : ainfi fon
exemple ne fert qu'à prouver à fes fembla-
bles, que la reffource dont il efpéroit fon
falut, n'eft qu'un danger de plus.

Il refte l'opinion à enchaîner, le cri public à étouffer, écueils les plus redoutables
dans un pays où les mœurs publiques ont
tant d'empire. Cela néceffite une tenfion
prodigieufe de furveillance, une immen-
fité de précautions impoffibles à chacune
des adminiftrations établies pour d'autres
foins. Il leur falloit à toutes un moyen, ✣
un centre commun, une adminiftration
nouvelle qui pût être la fentinelle de toutes les autres, où leurs intérêts particuliers
puffent fe réunir. Enfin, ce qui étoit in-
difpenfable pour la gloire du monarque,
le bonheur des fujets, le falut de l'état;

ce

ce que ces grands objets n'ont pu obtenir, l'harmonie, l'accord de toutes les parties, l'unité d'intention & d'action dans l'enfemble, l'intérêt perfonnel l'a créé pour lui, mais pour lui feul, au mépris de toutes les confidérations de morale, d'honneur, de vertu, de bien public.

La capitale eft le point où s'élèvent les opinions générales, d'où elles fe répandent, où viennent fe réunir les réclamations, les clameurs de toutes les contrées : elle devoit être néceffairement le foyer du nouveau fyftême. Le magiftrat de la police de Paris, établi effentiellement pour veiller à la sûreté d'une auffi grande ville, étoit obligé d'entretenir un nombre confidérable d'efpions dans la plus baffe claffe du peuple, qui en fe rendant en apparence complices de tous les deffeins criminels, fervoient à les prévenir. Par cette précaution , il parvint à connoître toutes les bandes de malfaiteurs , à les détruire , à empêcher que de nouvelles se formaffent. Lorfque leurs fautes avertirent les minif-tres qu'ils devoient avoir des inquiétudes, ils exigèrent du lieutenant de police qu'il employât fes efpions à informer des opinions du public. Le miniftère de la vengeance fuivit celui de la délation. Bientôt l'effaim des délateurs fut innombrable. On inftruifit le domeftique à dénoncer fon maître , l'ami à trahir fon ami : on porta la corruption dans toutes les claffes de la fociété. A mefure que la gangrêne s'é-tendoit , les cachots s'empliffoient. Le tribunal de la police devenoit une grande adminiftration ; il fe fortifioit , il prenoit fon accroiffement de la multitude des vic-times qu'il offroit à la crainte , à l'intrigue & à la vengeance : il étendit fon exercice

dans tout le royaume , jusques dans les
contrées étrangères les plus éloignées. Le
François, effrayé de son ombre, attristé
par la méfiance , poursuivi par la terreur,
n'osant parler , rire , épancher son cœur,
perdit sa franchise & son alégresse, devint triste , méfiant , malheureux. Jamais
révolution ne fut aussi prompte , aussi entière dans un caractère national.

Mais ce n'étoit point assez de poursui-
vre les pensées , les paroles , la presse sur-
tout qui est devenue la plus importante
affaire de l'administration, & celle, sans
comparaison , qui la travaille le plus : il
falloit davantage, il falloit établir les opinions particulières & générales , contrai-
res à celles que l'on vouloit proscrire. Ce
soin fut encore confié à la police. Les
bouches qu'elle stipendie, furent chargées
de colporter des anecdotes bien calom-

nieufes, bien odieufes fur les malheureux
dont la perte étoit projettée ou pronon-
cée; ainfi, dans le befoin, d'un Ariftide
on fait un fcélérat. Lorfqu'au contraire l'intrigue veut juftifier, exalter fon ouvrage,
tous les échos répétent que le général qui
s'eft fait battre honteufement, eft un hé-
ros; que le miniftre qui a facrifié les plus
grands intérêts de l'état à fes vues per-
fonnelles, à une cabale, eft un homme
immortel. Voilà ce qui s'eft appellé la perfection de la police, ce qui a fait des ré-
putations célèbres parmi nous (1).

_____

(1) C'eft conftamment à la police que les miniftres prennent des informations fur tout ce qui
eft au fervice du Roi dans les différens départe-
mens, & qui a habité pendant quelque tems la
capitale. Le magiftrat s'en rapporte à un infpecteur; l'infpecteur à fes efpions. Malheur à celui
que l'information intéreffe; s'il a dévlu à quelque

Corrompre pour gouverner , cette horrible maxime du machiavelifme eft donc bien véritablement devenu le principe de notre adminiftration ? Le magiftrat de la police eft donc effentiellement le miniftre de cette affreufe doctrine. Quel épouvantable miniftère que celui qui détruit toute morale , qui élève fon autel dans une caverne de ferpens , pour les lâcher à la voix de l'intérêt perfonnel & de la haine , pour

---

membre de cette hiérarchie , fût-il un homme du premier mérite , à coup fûr on dira au miniftre qu'il n'eft qu'un brigand. Pour mieux le convaincre même , on mettra fous fes yeux des plaintes que l'on aura fait faire par un cordonnier , ou par le premier manant venu : ainfi les plus bas reffentimens, la délation , l'infamie vont prononcer irrévocablement fur le fort d'un honnête homme. Voilà un Roi bien fervi , des miniftres bien inftruits , des fujets bien traités !

C 3

abufer perpétuellement un grand peuple,
pour porter la fombre méfiance, la terreur
& des fers par-tout où la ftupidité & la
vengeance demandent des victimes! Qu'il
eft formidable, l'homme qui entend tous
les difcours, qui a le fecret des familles,
qui tient dans fes mains un foudre toujours
tonnant, qui commande à l'opinion! Si
dans les tems de trouble, qui virent la
capitale fermer fes portes au plus grand &
au meilleur de nos rois, il cût exifté un
magiftrat armé d'une telle puiffance, &
qu'il eût pris le parti de l'infidélité, peut-
être aujourd'hui aurions-nous à pleurer fur
le fang de Henri IV profcrit, pourfuivi
aux extrémités de la terre par la fureur
d'un tyran. Cette idée, qui paroîtra gi-
gantefque au premier afpect, ne fera que
fimple & vraie pour le philofophe habitué
à faifir la férie des caufes qui confomment
les grandes révolutious.

On juge bien que chaque cercle d'adminiftration fecondaire a reçu le régime
des adminiftrations générales. Il n'eft
point en effet de commandant , & fur-
tout d'intendant dans les provinces, qui
n'ait auffi fes efpions & fes lettres de
cachet : c'eft le même principe qui agit
univerfellement.

Il eft donc démontré maintenant que
ce font les ordres arbitraires qui ont inf-
piré cet incroyable fyftême , qu'ils ont
été fon unique caufe comme fes feuls
inftrumens , & qu'il ne pouvoit jamais s'é-
lever que par eux fur la tombe de la liberté & de la félicité de la nation. Il eft
donc vrai auffi que c'eft fa magie qui a
formé cette unité fi forte pour les intérêts
particuliers, & qui protège avec tant de
fuccès la fciffion & la difcordance entre

les moyens du bien public. C'eſt à lui
que nous devons ces étranges diſtinctions
entre les mots d'autorité & de juſtice dont
chaque jour notre raiſon eſt étonnée ; c'eſt
lui encore qui nous fait entendre à chaque
inſtant de la bouche des coopérateurs du
pouvoir, cet inſolent langage : *J'en ren-
drai compte à l'adminiſtration, c'eſt l'intention de l'adminiſtration, ce ſont les
vues, les ordres de l'adminiſtration.* Et
depuis quand, Meſſieurs ? en vertu de
quel titre négligez-vous de nous parler
au nom du Roi ? Eſt-ce pour mieux nous
convaincre que votre adminiſtration eſt
une ariſtocratie, dont les vues ne ſont
pas les ſiennes, dont les intérêts ne ſont
pas les nôtres.

Lorſque les ſauvages de la Louiſianne
veulent manger le fruit d'un arbre, ils

coupent l'arbre par le pied. Voilà l'image que M. de Montesquieu donne du despotisme. Laisser l'arme de l'arbitraire dans mille mains , c'est réunir mille despotismes ensemble , & multiplier autant ses ravages. Employer , pour gouverner , les moyens flétrissans de la délation & de la corruption , cela n'est pas couper l'arbre ; cela est plus , c'est l'empoisonner; c'est donner au corps politique le germe de tous les maux : c'est le conduire par une maladie de langueur à des crises mortelles.

Il est juste cependant d'observer que le foudre de lettres de cachet s'est reposé quelquefois après les longues & sanglantes proscriptions qu'occasionnèrent la foiblesse , les intrigues , les contensions , les tracasseries du dernier règne : Louis XVI , en montant sur le trône ,

apporta à fon peuple l'efpoir de tous les
biens, dont la fource eft dans fon cœur.
Un miniftre, digne d'être l'interprête des
volontés d'un bon Roi & d'un grand Roi,
courut d'abord au fecours de l'humanité ;
il fit ouvrir les cachots, & rapp ella à l'exiftence tous les malheureux, que l'induftrie
de la noire vengeance ne put dérober à
fes follicitudes. Mais le fyftême dépré-
dateur avoit laiffé des racines fans nombre qu'il lui étoit impoffible d'arracher.
Ne pouvant s'accoutumer à leur influence,
il difparut avec fes lumières & fa vertu.
Celui qui lui fuccéda, étoit bon, avoit un
cœur pur ; il defiroit le bien : malheureu-
fement il ne favoit que le defirer. L'arbitraire reparut fous lui. Dans la crainte que
les prifons ordinaires ne fuffent pas fuf-
fifantes, & fous le prétexte d'en avoir de
plus falubres, on créa de nouvelles mai-

sons de force dans les différens quartiers de Paris, comme on y avoit embusqué des tripots de jeu ; & la direction de ces antres de douleur devint une grace, une récompense comme celles des Banques de biribi.

Depuis quelques années nous respirons enfin. Le ministre qui a actuellement le département des lettres de cachet, trop fier pour connoître de misérables inquiétudes; trop éclairées, trop généreux pour n'avoir point horreur du mal inutile, a terrassé lui-même le monstre dont il étoit chargé de diriger les fureurs. Il a soumis la distributiou des ordres du Roi à des formes si sages, si rigides, qu'il est presque impossible d'en faire un usage injuste ; & il a la satisfaction de voir seconder d'aussi respectables dispositions par le lieutenant de police, magistrat qu'un cœur plein de bonté & de fenfibilité a toujours conduit vers l'équité, la bienfaifance & à l'eftime publique (1).

---

(1) Dans tout ce que j'ai dit de la Police de Paris, je fupplie que l'on ne croie pas que j'aie voulu confondre les perfonnes avec la chofe. Il y a dans cette adminiftration des hommes d'un mérite infini : j'ai eu l'occafion, dans différentes affaires, d'en connoître trois. M. Cauchy, Secrétaire géné-ral, M. le Houx, Infpecteur chargé de la fûreté de Paris, M. Henri, Infpecteur de la Librairie. M. Cauchy a eu de la célébrité au barreau de Rouen, dans un âge où les autres Avocats ont à peine achevé leurs études. Chez lui, les plus grands talens font foumis aux principes les plus purs & les plus nobles. Le nom de M. le Houx eft l'épouvantail des voleurs : les fervices qu'il a rendus à la fûreté, font fans nombre, & il eft bien impoffible d'être plus honnête homme.

L'honnêteté & les lumières de M. Henri, le mettent

Mais hélas ! le monftre n'eft qu'en=
chaîné ; fon repos n'eft que le fommeil du
tigre : une main finiftre peut venir le ré-
veiller encore. Pourquoi ne pas le prof-
crire ? On a vu de quels maux il eft la
fource ; on fait combien il compromet
l'honneur, l'équité & les intérêts du Roi ;
combien il eft funefte à fes fujets ; qu'il
n'eft que le moyen de l'intrigue, des paffions, des haines, des vengeances. De
quel bien le croiroit-on capable , qui
puiffe balancer ces défaftres ?

en poffeffion de toute l'eftime des gens honnêtes ,
& j'ai eu l'occafion de me convaincre combien il la
mérite. On nomme encore plufieurs autres chefs de
bureaux de la Police, comme des gens très-efti-
mables. Une des chofes qui fait le plus d'honneur
aux préjugés qui gouvernent une nation , eft de
voir exercer la bienfaifance dans des places qui ne
font créées que pour le mal.

On dit que les Loix ont une marche
trop lente, que leurs formes font incer-
taines. Quoi ! le Souverain pofsède la puiffance légiflative dans toute fa plénitude,
& les loix font impuiffantes ! Ah ! la première de toutes ces loix, c'eft celle qu'il
s'impofe à lui-même, par le ferment qu'il
fait à fon facre, de défendre l'honneur, la
liberté, la fortune, la vie de fes fujets !
On parle auffi de l'honneur des familles que
nos préjugés couvrent de l'opprobre que
notre jurifprudece verfe fur le criminel !
Hé bien ! que mille familles foient flétries,
& que l'Empire foit fauvé : que la nation
refpire, qu'elle foit libre, heureufe & pai-
fible ; qu'elle jouiffe de tous les biens que la
loi naturelle lui promet, & que les loix
pofitives veulent lui garantir ! D'ailleurs,
feroit-il fage de chercher à le détruire ce
préjugé ? Que chaque citoyen, renfermé

dans fa fphère d'exiftence, en foit effrayé ;
on n'en doit pas être furpris : plus il jettera
d'effroi, plus il fera falutaire. Mais que des
hommes d'état ne voient pas que ce préjugé eft la plus fublime expreffion des
mœurs nationales ; qu'il veille à l'édu-
cation ; qu'il donne à l'état vingt garans
pour chaque citoyen du refpect des loix ;
qu'il affure les mœurs publiques par fon
pouvoir fur les mœurs particulières : voilà
ce qui doit étonner. Une des caufes qui
ont le plus contribué à la dépravation de
ce fiècle , fur-tout dans la capitale, eft ,
il n'en faut pas douter , la facilité que les
parens ont à fouftraire à la juftice des
homes corrompus (1). Au furplus, dans

---

(1) Feu M. le Dauphin difoit que l'unique
moyen de rappeler dans ce pays-ci la pureté des
mœurs , & l'amour de tous les devoirs , étoit de
ne fouftraire perfonnne à la juftice. Que quand

un cas extraordinaire, le Roi n'a-t-il pas
toujours le droit d'abolir les procédures,
de commuer les peines ou de faire grace?
Le cercle étroit dans lequel M. le Baron
de Breteuil a refferré le cas des lettres-de-
cachet, eft donc encore trop étendu ; &
de ce cercle menaçant l'on doit toujours
appréhender qu'il ne forte après lui le
fléau le plus redoutable.

Que le Roi puiffe s'affurer au befoin de
la perfonne d'un Général, d'un Miniftre,
d'un dépofitaire d'une portion d'autorité,
d'un comptable, enfin, d'un membre d'ad-

à la rigueur des préjugés, un Roi aimé de la nation
étoit toujours le maître de l'adoucir, & que pour
cela il n'avoit qu'à témoigner lui-même, de la manière la plus publique, fon intérêt & fon eftime
pour les parens du coupable.

miniftration

miniſtration quelconque, c'eſt une choſe purement de diſcipline , qui eſt juſte & néceſſaire. Mais que cette claſſe, qui ſeule doit être ſoumiſe à une autorité prompte & ſans forme , ſoit préciſément celle qui l'exerce au gré de ſes moindres fantaiſies , qu'elle ne l'ait enfantée , & qu'elle ne la retienne que pour ſes ſeuls intérêts , pour en accabler le citoyen paiſible & ſans ambition. Voilà le dernier de-gré de la ſubverſion de tous les prin-cipes, & on ne peut aſſez le réduire , le vice qui ſépare le ſouverain des ſujets , le plus grand de tous les maux en politique; qui a élevé , fortifié , défendu ce chaos d'une adminiſtration à-la-fois inco-hé-rente & arbitraire ; qui offre perpétuelle-ment le ſpectacle inoui d'une autorité en-nemie de la juſtice ; qui enſeigne le mé-pris des loix , ſigne certain de la déca-

D

dence des empires ; qui répand toutes les
calamités , & préfage toutes les cataf-
trophes.

Miniftres arbitraires , vous n'êtes que
des hommes , & vous êtes conftamment
placés entre l'occafion & la tentation; votre
pouvoir n'eft ni affez affermi ni affez faint
pour vous élever au-deffus des petites paffions qui agitent le cœur des vulgaires
mortels ; il eft trop fugitif pour que vous
ne fuccombiez pas au defir d'en jouir avec
excès. Ouvrez l'hiftoire des hommes, vous
verrez que c'eft votre ambition qui a conduit tous les empires à leur ruine ; que ce
font vos feuls intérêts qui ont affligé ,
qui ont boulverfé le globe fans relâche.
Renoncez enfin au trifte privilége d'en
être les défolateurs ; rejettez de vos mains
l'arme de l'arbitraire qui ne fit jamais un

feul bien , qui toujours fut fanguinaire. Allez au pied du trône reconnoître ces importantes vérités ; demandez des fauve-gardes contre les féductions qui vous pourfuivent ; obtenez des liens qui vous garantiffent de vos propres foibleffes , & votre mémoire vivra auffi long-tems que la terre fera habitée.

Voilà, Monfieur, les réflexions dans lefquelles ma jetté la lecture de l'hiftoire du malheureux Latude. Ces réflexions font peut-être plus hardies que bien enchaî-nées ; mais elles font vraies, & , par cette raifon , je les publierai , duffé-je être en-glouti par la Baftille : une vérité utile vaut toujours mieux que celui qui la dit. Mais en donnant ce croquis au public , & en vous l'adreffant, je lui rappelle que vous lui avez annoncé un ouvrage fur la légiſlation; & je vous obſerve que par cela vous avez contracté avec lui un engagement, que votre double qualité d'homme d'honneur & de bon citoyen, ne vous laiſſe pas la liberté d'éluder.

Sans doute que vous ſentirez comme moi, combien il importe de détruire un chaos de volontés perſonnelles ſi diſcordantes, & de ramener toutes les portions éparſes de l'autorité dans la perſonne du Roi, environné d'une inſtitution aſſez dignement organiſée pour porter en tout & par-tout ſon vœu & ſes volontés. Il vous fera facile de démontrer qu'il n'y a point de proſpérité & de ſalut à eſpérer ſans cette harmonie, & ſans la deſtruction de tous les vices qui l'éloignent. Ce que je n'ai pas même indiqué, vous le direz; vous jugerez à notre conſtitution ce que

doit être l'inftitution reftauratrice, fi les
confeils de département que l'on defire
tant conviennent ; ou fi un corps de cen-
fure, élevé immédiatement après le trône,
feroit préférable. Vous porterez fûrement
au dernier degré d'évidence cette vérité,
que fi notre Gouvernement eft célefte,
notre adminiftration eft deftructive; qu'autant il importe de fauver l'un, autant il eft
inftant d'anéantir l'autre.

Vous avez été donné à votre patrie,
Monfieur, dans des circonftances qui font
à-la-fois bien preffantes & bien favorables.
D'un côté un défordre, une pénurie ex-
trêmes, & point de fyftême arrêté ; de
l'autre, un Monarque, le meilleur citoyen
de fon Royaume, voulant avec paffion la
gloire de fon empire, le bonheur de fes
peuples, & entouré de Miniftres cités dans
tous les tems pour des hommes pleins

d'honneur, de zèle, de droiture & de pa-
triotifme, connoiffant tous le fyftême dans
lequel ils vivent, & déplorant chaque jour
les obftacles qu'ils rencontrent pour faire
le bien.

Il faut, Monfieur, parcourir bien des
fiècles avant de trouver un moment qui pré-
fente toutes ces reffources. Si votre infou-
ciance pour la renommée pouvoit vous ra-
lentir dans la carrière où vous vous êtes
engagé, n'écoutez que votre ame : elle eft
deftinée à répandre le bonheur. Je ne vous
parle point de génie, de connoiffances, de
lumières, de talens, parce que je ne connois
point les bornes de ce que la nature vous
en a donné.

J'ai l'honneur d'être avec tout le refpect
que vous infpirez, Monfieur, votre très-
humble & très-obéiffant ferviteur,

Le Marquis de Beaupoil Saint - Aulaire.

www.ingramcontent.com/pod-product-compliance
Lightning Source LLC
LaVergne TN
LVHW050304090426
835511LV00039B/1448

9 782012 821071